Tous droits réservés
Première édition: 2019 - Vagabond Publishing
ISBN: 9781708966454

Intelligence émotionnelle ciblée dans cette histoire :

- Comprendre comment nos pensées automatiques affectent notre comportement
- Savoir faire un choix dans ses pensées
- Choisir de se sentir bien plutôt que choisir d'avoir raison (ou que la justice soit faite)
- Prendre conscience de ses propres sentiments et des sentiments des autres, et des perspectives différentes
- Etre responsable de ses propres actions et de son bien-être
- Surmonter la peur du rejet et/ou de l'abandon

Lisez aussi les autres histoires de la collection 'Je realise'

C'est vraiment vrai?

Histoire et illustrations de **Emmanuelle Betham**
Mise en page de **Bill Bond**
Traduction française de **Janine Rozen**

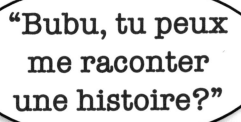

2

Pato me pousse!
Il ne veut pas jouer avec moi.

Alors automatiquement, je pense...

Et je m'énerve et je me sens mal. Donc, je ne peux rien faire de bien et c'est pas drôle du tout.

Mais dès que
JE CHOISIS DE
QUESTIONNER CES
PENSÉES...

8

Déjà, je m'énerve moins. Je me sens bien.

J'y vois plus
clair et ...

C'est pas grave!
Moi, je suis bien.
Je suis en sécurité.
J'aime ma famille et
mes amis.

Et du coup, là, je peux aussi CHOISIR DE FAIRE QUELQUE CHOSE.

Je nettoie là où j'ai sali par terre et je fais un massage à Bubu.

Je fais un câlin à Aya et lui dis que je l'aime.

"Moi aussi,
je t'aime."

Je dis à Pato qu'il peut venir me chercher
quand il voudra jouer avec moi.

Il sourit et dit "OK".

Maintenant, je me repose!

Je réalise est une collection d'histoires dont le but est de développer notre intelligence émotionnelle dès le plus jeune âge. Ces histoires peuvent parler aux enfants comme aux adultes.

Apprendre tôt est une bonne idée, n'est-ce pas? Mais apprendre quoi? Et surtout apprendre pourquoi et comment?

A grandir dans une société qui n'a jusqu'ici pas valorisé les compétences personnelles, relationnelles et comportementales autant que les compétences générales, techniques ou spécialisées, et qui donne encore priorité à l'enseignement des aptitudes solides sur l'enseignement des aptitudes douces, c'est à dire au savoir faire sur le savoir être, nos enfants ont souvent du mal et mettent un temps trop long et laborieux avant de découvrir, s'ils y arrivent un jour, comment leur sentiments guident leur décisions, comment leurs humeurs influencent leur relations, et comment la vision qu'ils ont d'eux mêmes et des choses affectent leurs aptitudes.

Ceci s'explique en effet par le fait que notre culture se concentre plus sur les résultats que sur le fonctionnement. Nos efforts se portent d'abord sur l'éducation au sens traditionnel, autrement dit sur l'apprentissage et l'exécution, sans même se demander comment chaque individu fonctionne pour comprendre, apprendre et accomplir.

Cela dit, nous commençons à prendre conscience de ce déséquilibre éducationnel. De plus en plus d'adultes découvrent les vertus du coaching pour améliorer divers aspects de leur vie professionnelle ou personnelle, et les publications à ce sujet sont nombreuses. Seulement, bien que cette auto-assistance puisse être bienvenue, elle se présente souvent inutilement tard dans le parcours d'une vie.

Les histoires de la série ***Je réalise*** sont donc écrites pour aider les enfants (et les adultes) à accepter leurs sentiments et ceux des autres, à comprendre la relation entre pensées et sentiments, et à développer leur empathie, leurs propres capacités, leur prise de responsabilité et leur résilience, pour qu'ils soient capables de faire de bons choix et de réussir.

Pour faire de bons choix, il faut déjà connaître non seulement les options qui se présentent à nous mais aussi les facteurs qui peuvent affecter nos choix, et ceci implique de savoir reconnaître et prendre en considération nos émotions et leurs influences sur nos actions.

Les livres de la collection *Je réalise* visent le développement de cette prise de conscience, en aidant le lecteur à acquérir des compétences telles que:

- La prise de conscience de soi
- La découverte de la relation entre croyances, dialogue intérieur et performance
- L'identification et la maîtrise des sentiments
- La compréhension du rôle différent de chacune de nos émotions
- L'acceptation du caractère temporaire des émotions
- La prise de responsabilité
- L'empathie (envers soi et les autres)
- La maîtrise de soi
- Le contrôle de ses humeurs
- La patience
- La reconnaissance de la perspective des autres
- La lecture et l'interprétation des indices plus subtiles de la communication
- La connaissance des normes comportementales
- La capacité de communiquer clairement
- Les qualités d'un bon leader
- La confiance en soi
- L'efficacité personnelle
- La motivation personnelle
- L'aptitude à fixer des objectifs
- La volonté de prendre part
- La résilience (qui permet de surmonter difficultés et traumas sans se laisser abattre)
- Etre capable de faire des plans réalistes et de prendre les mesures nécessaires pour les mener à bien
- Savoir résoudre des problèmes et prendre des décisions
- Pouvoir anticiper les conséquences
- Atteindre de hautes performances
- Avoir une attitude positive

Ce sont des compétences émotionnelles, cognitives et sociales difficiles à mesurer et pourtant essentielles dans la vie de chacun. Ces compétences de vie jouent un rôle si important dans tout ce que nous faisons et contribuent tellement au succès et au bien-être de chacun que nous devons absolument les développer. Ces compétences constituent notre Intelligence Émotionnelle, une intelligence que la collection *Je réalise* vise à développer dès l'enfance, car nous savons maintenant tous que celle-ci mérite au moins autant d'attention que celle que nous portons au Quotient Intellectuel.

Bonne lecture, et n'hésitez pas à partager!

C'est vraiment vrai?

Histoire et illustrations de Emmanuelle Betham
Mise en page de Bill Bond
Traduction française de Janine Rozen

Première édition: 2019 - Vagabond Publishing
ISBN: 9781708966454

Printed in Great Britain
by Amazon